ダズラーズ

Translated to Japanese from the English
version of
Dazzlers

Elanaaga

Ukiyoto Publishing

全世界での出版権はすべて

浮世絵出版

2023年発行

コンテンツ著作権 ©Elanaaga

ISBN 9789359203010

無断転載を禁じます。
本書のいかなる部分も、出版社の事前の許可なく、電子的、機械的、複写、記録、その他いかなる手段によっても、複製、送信、検索システムへの保存を禁じます。

著者の著作者人格権は主張されている。

これはフィクションだ。名前、登場人物、企業、場所、出来事、地域、事件などは、著者の想像の産物であるか、架空の方法で使用されたものである。実在の人物、生死、実際の出来事との類似性は、まったくの偶然にすぎない。

本書は、出版社の事前の承諾なしに、本書が出版されている形態以外の装丁や表紙で、取引その他の方法で貸与、転売、貸出し、その他の流通を行わないことを条件として販売される。

www.ukiyoto.com

親友のD. ナーラーヤナ博士（ドバイ）へ。

内容

生ける屍	1
実現	2
変化	3
はかない喜び	4
突出	5
繊細な表情	6
量 - 質	7
幻滅	8
効果	9
マニフェスト	10
ミス・フォーチュン	11
不条理	12
スタンス - 成功	13
より大きなテスト	14
すべて好き」症候群	15
時が教えてくれる	16
痛み - 快楽	17

フェリシタス・フェリシタ	18
本質的なもの	19
推測不可能	20
正しい治療法	21
不適合	22
選択	23
アベランス	24
聖なる嗚咽	25
努力 - 効果	26
まろやかになる	27
コア商品	28
不満	29
試み - 結果	30
保護カバー	31
知覚	32
格差	33
隠蔽	34
ベイン - ブーン	35
差額	36

住居 - その役割	37
区別	38
フォーティ・ウィンクス	40
偉大なる破壊者	41
異なる識別力	42
フォーチュン・オブ・ハーモニー	43
場所の力	44
経験 - 結果	45
老いることの恩恵	46
輝き - 脆弱性	47
表面的な輝き	48
エミネンス	49
湿気がもたらすもの	50
不思議	50
フェイスブック - 本物のフック	51
シャム・ストレート・シューターズ	52
グレード	53
ハイプ - フォールアウト	54
言葉 - 価値	55

詩 - 詩人	56
早すぎた詩	57
ザ・マイザー	58
サークル	59
侵食	60
重さの痛み	61
ヘイスタック	62
足かせの時代	63
疲労	64
エクスターナル・チャーム	65
不一致	66
新しい真実	67
欠陥	68
トラブル	69
アパシー - アフターエフェクト	70
魅力のルーツ	71
外側の輝き	72
著者について	73

生ける屍

目があるにもかかわらず
美しいものが見えない
耳はあるけれど
甘い音は聴けない
私には心がある
しかし、そこに感情は生まれない
私より死体の方がいいのでは？

実現

豊かになって
あらゆる贅沢を味わった
しかし、貧乏人と一日を過ごす
徳の鑑
自分が一番貧しいことに気づいた

変化

私は剣を手に走った
傲慢な男の首を切る
しかし、彼の愛想笑いに心を動かされた。
と花束を差し出した、
彼の足元にひれ伏した
と返した。

はかない喜び

私は喜びで胸を膨らませた。
地表にたどり着いたとき
深い峡谷から、
しかし、すぐに悲しくなった。
山に登らなければならない。

突出

趣旨はさておき
拙い言葉もある
を詩の前面に押し出した；
常に、そのような知識
詩人の心の中に存在していなければならない。

繊細な表情

彼はこう歓喜した。
はくめん
クラス全体で。
しかし、色白の少年が加入した、
彼の顔は"暗くなった"。

量 - 質

ある詩人はこう切り出した：
"山のように本を書いた"
大切なのは量ではなく質だ、
彼は気づくべきだ。

幻滅

繁栄は小石のようなものだ、
満足感の欠如は大きな山だ。
創造性の幸運は太陽である；
コンフォート素材の内容、
単なるキャンドルの明かりだ。

効果

彼が庭師だった頃、
ジャスミンの花が咲いた。
しかし、あるクラブの店員になったとき、彼は
こう言った。
通貨臭さだけが残った！

マニフェスト

密室に座っている、
私は新聞を開いた。
外の世界
私の前に広げられた。

ミス・フォーチュン

悲しみに打ちひしがれていた、
梯子を持っていなかったからだ
今がその時だ。
でも使えない
寝たきりなので

不条理

鈍い頭が動くとき
新車のベンツで
皆が注目する
しかし、誰もそれを見ようとはしない。
博学の山
おんぼろスクーター
これはよくある出来事に過ぎない。

スタンス - 成功

敵は虎のように咆哮した、
ライオンのように飛び出した。
勇敢だった。
しかしその後、彼は
真剣な冷静さを保つ
私は恐怖で震えた

より大きなテスト

受験を終えた
さらに大きなテストに備える
どうした？
結果を待つ
試験の

すべて好き」症候群

私は狼狽している
フェイスブックの「いいね！」の数を見ると
嫌いなものは何もない！
これは解明不可能な謎ではないのか？

ダズラーズ

時が教えてくれる

責任に怯えるまで
子供時代の価値に気づかなかった
深い森の中で道に迷うまで
バックヤードの楽しさがわからなかった

炎が歌うときだけ
雪の価値はおそらく知られている

痛み - 快楽

うんざりしている；
勝利に次ぐ勝利が私に訪れた。
悩んでいる
敗北は私を遠ざけた

不幸かもしれない
苦しい快楽にまさるものなし

フェリシタス・フェリシタ

砂漠
大胆にも密雲の夢を見る
で祝福に値する。
雨粒の花輪

本質的なもの

性格が人を決める

短剣を愛する者
情けは人のためならず
ウサギを飼育するもう一人
残酷を憎む

推測不可能

月が雲に隠れているとき
それを知ることができる
しかし、推測できないこともある
言葉の裏

正しい治療法

最近、世界中が
黒く見える
人、環境、すべて
周りが暗い

いろいろ考えた
そして正しい治療法を選んだ：
濁りを洗い流す
私の中に蓄積された

不適合

彼の心はバターのように柔らかい
しかしナイフのように鋭い
ナイフは柔らかくできない
バターの化身にもなれない
結果は、残念ながら......。
彼は日々、自分自身と戦っている

選択

歌はガンジス川
ラガはいかだ
メモは恩恵
そして旅は楽しい

アベランス

貧しい生活をしていた頃
私は食べ物だけが欲しかった。
今は十分な食料がある
そして、私の心は自転車を求めている！

聖なる嗚咽

崇高な詩を読むたびに、私は泣いた。
素晴らしい音楽を聴くたびに、私は涙を流した。
人間らしさに出会うたびにね、
私は呟いた。

多くの慟哭の後
私の心はどれほど聖なるものとなっただろう！

努力 - 効果

銃が埋められた場所
そこに弾丸の木が芽吹く。
愛の種をまく
君の心の畑で、友よ。
愛情は豊かに育つ

まろやかになる

彼は怒れる雄牛のように絶叫した。
町の通りで。
家に着くまで
温かく迎えられた子供たち
すぐに、彼の石のような心は
氷のように溶けた！

コア商品

言葉は外側の鞘にすぎない
詩で
その通りだ。
しかし、これほど重要なものはない。
核心成分

詩は発芽しない
干からびた心で

不満

言葉を糸にする
私は言葉をつなぎ、詩の花輪を作った。
香ばしいラインとなった
しかし、言葉は、うまくはまっていない
ヒス文になった
そして私に嚙み付こうとした

試み - 結果

甘い香りが分泌される
竹が傷ついたときだけ
種が油を引き出す
ボコボコにされただけで

過酷な労働
良い結果を得るためには

保護カバー

彼を褒めるなら
彼はただ微笑む
彼を批判するなら
彼はただ微笑む
彼を叱るなら
彼はただ微笑む
彼を打ち負かしたら
彼はただ微笑む

笑顔は強いコルセットだった
彼の内面を守っていた
ブーケとレンガバットから

知覚

甘美な*ラガ*は
そこから発せられることはない。
金製フルート
バラの花びらは役に立たない
どんなカレーにも

金銭的価値
人の知覚

格差

これは格差の世界である
大きな魚が小さな魚を飲み込んでいる。
さらに大きなものに食われる
同じように、背の高い男は
背の高い者に出し抜かれる
誰もが努力をしなければならない、
少しずつ前進
空に触れようとする

隠蔽

静かな海
火山を隠しているのかもしれないが；
平然としている人もいる
爆弾は内部で炸裂しているが

ゲージがない
を測定することができる。
内部破壊

ベイン - ブーン

もし人生が
賃金に関する悲劇である。
愛情による強化
豊かさよりも
真の繁栄

差額

心はあぜ道を踏む
脳は雲に乗っている

ひとつは素晴らしい
もう一つは良い

住居 - その役割

自宅での長期滞在
農家に行きたくなる
しかし、そこで続けることはできなかった。
家に帰りたい

私にとって詩は自分の家
翻訳は農家の家

しかし、最近は
役割を交換した

区別

スカイウェイを飛ぶ鳥は偉大ではない
翼があるから
大空に浮かぶ凧
もあまり良くない
紐がついているから
クラッカーがウエルキンに撃ち込まれる
も驚くべきことではない
中に火薬が入っているので
上空を飛ぶ飛行機
も奇跡ではない
燃料の力でそうするのだから

しかし、詩人の想像力は
空を触るのは本当に素晴らしい

なぜなら、誰の助けも借りられないからだ。
偉業を達成するために

フォーティ・ウィンクス

柔らかいマットレスで寝ようとする
AC ルームで、私は失敗した。

私に残ったのは嫉妬
貧しい人々を見たとき
固い土の上で丸太のように眠る

偉大なる破壊者

舌ほど破壊的なものはない

一文
多くの人の心を大混乱に陥れる。
発言は1回で十分
動乱を引き起こす

異なる識別力

アメリカに入ったインドを見ると
私は大いに満足している。
しかし、アメリカを見て
インドに潜入した
哀愁を感じる

ひとつは気概の表れ
一方
文化を破壊する

フォーチュン・オブ・ハーモニー

名詞をけなす
形容詞の自慢：
"あなたの前進は私の中にしかない"
名詞は地下に潜った
何年も戻らなかった
形容詞は不機嫌に座っていた
と熟考した：
"栄光の名詞"とだけ
名詞だけで、私は完全性を持っている"

場所の力

8つのサイファーが並んだ
数字1の左
後者はゼロを愚弄した：
「私の中にしか、あなたの存在はない。
私なしには、あなたの価値は取るに足らないものだ
議論されたサイファー
左から右へ移動
今すぐだ、
一桁の数字には何も残らない
面長になる以外は

経験 - 結果

ある雑誌に記事が送られた
鑑定と出版のために
雑誌には掲載されなかった
ながらくおあずけ
記事が作成者のところにとどまっていたら
毎日注目されただろう
長い間、気にもかけずにいた
何ヶ月か後に再発した
制作者はこう嘆いた。
毎日出席
記事は輝き始めた
しかし、新雑誌は拒否

老いることの恩恵

パスワードテストに合格できない私
パスワードのない昔を夢見た

その昔
パスは多く、失敗は少ない

輝き - 脆弱性

分厚いブックカバー
いつもけなす
インナーページについて
しかし、内側のページには
深遠な問題
ブックカバーの輝き
は表面的な輝きである。

表面的な輝き

嘲るように靴を笑うコロネット
しかし、コロネットは現実にはあまり役に立たない
靴はとても便利ですよね。

エミネンス

その通りだ
バスは歩行者より速い
バスより電車、電車より無地
飛行機よりも宇宙船の方がいい。
しかし、それはただの歩行者だ
を持たずに動くことができる。
燃料の緊急需要

湿気がもたらすもの不思議

深遠な詩は生まれない
心に霧雨を降らすことなく
水ぶくれの胸は濡れない
潤いのない言葉で

フェイスブック - 本物のフック

フェイスブックの虫に刺された、
脳が病気になる
一日たりとも休むことはできない、
脳の平和は常に保たれる。

シャム・ストレート・シューターズ

と激怒する人もいる。
怒りは本当にひどい！
かわいそうに、彼らは盲目だ
それは悲しいことだ。

グレード

ある者は、そのようなことができない"持たざる者"である
に投資する。
ビジネス
何千ドルも投資する人もいる。
しかし、数百を取り戻すことはできない

ハイプ - フォールアウト

私は自分を偉大な詩人だと思っていた、
他の者にも同じことを言わせた。
それから 40 年、
私の名前は忘却の彼方へ消えていった；
次のように書いている。
良くなったが、落ち着いていた
光り輝いた。

言葉 - 価値

私は一杯の言葉をふるいにかけた、
その中から一握り
詩を書いたからだ。
詩はうまくいった
捨てていない
残りの言葉
詩の中によく合っていた
その翌日に書いたものだ！

どんな言葉も捨てることはできない
おそらく永遠に！

詩 - 詩人

詩は祭り
魅力的な反射の
詩人は戦争をする
不快な観念に対して
彼はこう言った、
美しさの象徴
藝にも晴れにも

早すぎた詩

詩的な思考は成長し続ける
ペンの胎内にいる胎児のように。
完全に成長してから
誕生するはずだ。
満期前に生まれた赤ちゃん
早熟で、しばしば弱い

ザ・マイザー

私はあのみすぼらしい詩人が一番好きだ；
私も少し嫉妬している。
より少ない支出でより多くの利益を得る
私はより多く使い、より少なく得る
なぜもっと使わなければならないのか？
つまり、言葉だ。

サークル

フォートナイトを見る
光と闇の、
を押すべきである。
波瀾万丈の人生を心に刻む。
ヒマラヤの雪
冬に蓄積する
夏には溶ける

侵食

壁に侵入、
熱狂的政治家
猫を追い出した。
ネコは恥ずかしがった

重さの痛み

痛みを表現するのは難しい
雨の降らなかった雲。
雨が降った人は幸運だ；
他人の重苦しさを軽減する
私たちが考えているほど簡単ではない。

ヘイスタック

疲れた
針を探しながら
この干し草の山の中だ。

恐ろしい反吐が出るような写真だ、
一発芸のような文字列の短いスタブ、
中に水分がない乾燥ココナッツ
すべてがこの干し草の山にたまっている
捜索を困難にする

でも、やめる気にはなれない。
微かな希望
まだ残っているかもしれない！

***

足かせの時代

見えない手
内なる本能
非常に不愉快である。

詩人にとっての主題選択の束縛、
気骨ある思想家にとっての信仰の枷、
成熟した男たちのための偏屈な男たち...。

自分の束縛を解かなければならない

良い時はいつ来るのか？
いつになったら人々は束縛から解放されるのだろうか？

***

疲労

炎天下を旅する私
ある昼下がりの町の外...。

背の高いトダイの木がある、
しかし、日陰をどれだけ提供できるか？
あえぎながら、汗をにじませながら、
小さなマンゴーの木が愛想よく私を誘った。

この世界にはいつも慰めがある

涼しい日陰で休憩、
私はトダイの木を見た。

***

エクスターナル・チャーム

周囲には石造りの壁がある、
井戸が野次馬を引きつけている。

滑らかなセメントの床、美しい植物
その周囲を飾っていた。
その優美な滑車はエクスタシーを引き起こしている。

人々が大挙して押し寄せる
有名な井戸を見に。

しかし、井戸はとうの昔に枯れてしまった！

***

不一致

人によって
基準が違う。
一人のベンチマークでも
は時間によって変化するかもしれない。
謎を解く
基準値の設定は大きな課題だ。

新しい真実

ネズミ捕り
丘を掘るのは愚行ではない
ネズミが
は小さいが別格だ。

欠陥

一部既知の言葉を使った
私の詩の中で。
私は彼らの性質を完全に知っているわけではない。
だから
この詩には感情がない

トラブル

差別は蛇である、
カエルを裁量する。
カエルは怒る
蛇が噛むように言われたら
蛇は怒り狂う
あきらめろと言われたら
　　　　　＊＊＊

アパシー - アフターエフェクト

ドリタラーシュトラの冷静さ
泣き叫ぶドラウパディの前で
森林火災の種である、
それはカウラヴァスを焼くことになる。

魅力のルーツ

グロテスクさは消えない
鏡が追放されれば
かわいらしさは芽を出さない
美の種のない土の中で
水をやっても。

外側の輝き

頭の上に座る、
ティアラがアンクレットに見えた
と鼻で笑った。
憮然として、後者は出て行った。
素晴らしい音符を発している。

王冠が悪魔のように踊った、
アンクレットの侮辱を大切にしていた。
しかし、音楽も美しさもない
その跳ねっぷりに存在感があった。

***

著者について

エラナガ

エラナガはペンネームだ。著者の実名はスレンドラ・ナガラジュ博士。彼は小児科医であるが、現在は創作、翻訳、評論などに本格的に取り組んでいる。これまでに 33 冊の著作がある。そのうち 15 本は原著（主にテルグ語）で、18 本は翻訳である。後者のうち、8 本は英語からテルグ語へ、10 本はその逆である。詩や翻訳のほか、言語礼節や古典音楽などに関する著書もある。彼はラテンアメリカの物語、アフリカの物語、サマセット・モームの物語、世界の物語などを描いた。

www.ingramcontent.com/pod-product-compliance
Lightning Source LLC
LaVergne TN
LVHW041542070526
838199LV00046B/1790